Codjo Marius Assogba

Perception sociale du don de sang dans la commune d'Abomey-Calavi

D1720499

Codjo Marius Assogba

Perception sociale du don de sang dans la commune d'Abomey-Calavi

Éditions universitaires européennes

Imprint

Any brand names and product names mentioned in this book are subject to trademark, brand or patent protection and are trademarks or registered trademarks of their respective holders. The use of brand names, product names, common names, trade names, product descriptions etc. even without a particular marking in this work is in no way to be construed to mean that such names may be regarded as unrestricted in respect of trademark and brand protection legislation and could thus be used by anyone.

Cover image: www.ingimage.com

Publisher:
Éditions universitaires européennes
is a trademark of
International Book Market Service Ltd., member of OmniScriptum Publishing Group
17 Meldrum Street, Beau Bassin 71504, Mauritius

Printed at: see last page
ISBN: 978-613-8-46011-4

SOMMAIRE

Dédicace

A

Mes parents pour leur amour inconditionnel et leur soutien permanent.

Remerciements

Ce travail a été réalisé grâce à la disponibilité, à l'accompagnement, à la collaboration et à la générosité de certaines personnes à qui je voudrais témoigner ma reconnaissance.

En premier, je voudrais dire un grand merci aux professeurs du Département de Sociologie-Anthropologie notamment Dr. D'OLIVEIRA Bonaventure, Maitre de mémoire, pour m'avoir donné l'opportunité de travailler sur le don du sang.

Je n'oublierai jamais l'apport et le soutien inconditionnel provenant de :

Monsieur SANNI Ola en service à l'Agence Nationale pour la Transfusion Sanguine (banque de sang au CNHU) par rapport à la qualité des données que j'ai pu collecter,

Prof. Dr Roch A. HOUNGNIHIN, Directeur scientifique du laboratoire d'anthropologie médicale appliquée(LAMA), UAC/Bénin,

Mes parents pour m'avoir soutenu durant ces longues années d'études et aussi pour la patience et la compréhension dont ils ont toujours fait preuve. À mes enquêtés pour avoir accepté de répondre aux questions aussi sensibles, car sans leur participation je n'aurais pas pu obtenir les informations qui m'ont permis de produire ce mémoire !

LISTE DES SIGLES ET ACRONYMES

ANTS : Agence Nationale pour la Transfusion Sanguine

CA : Chef d'Arrondissement

CNHU : Centre National et Universitaire Hubert Koutoukou Maga

CRCR : Croix Rouge et du Croissant Rouge

DSA : Département de Sociologie-Anthropologie

FISCRCR : Fédération Internationale des Sociétés de la Croix Rouge et du Croissant Rouge

INSAE : Institut National de la Statistique et de l'Economie

OMD : Objectif du Millénaire pour le Développement

OMS : Organisation Mondiale de la Santé

PDC : Programme de Développement Communautaire

PNUD : Programme des Nations Unies pour le Développement

RGPH : Recensement Général de la Population et de l'Habitat

SDTS : Service Départemental de la Transfusion Sanguine

WHO : Women Human Organization

Liste des tableaux, figure et photo

Résumé

Dans les pays africains, la mortalité infantile, accidentelle, par accouchement (...) sont parmi les causes principales de manque du sang. Ces causes sont liées à la faible participation des populations au don du sang. Ce dernier, est l'une des stratégies trouvées par le corps médical et les organisations nationales et internationales pour réduire ces différents types de mortalité. Plusieurs études mettent en avant l'importance des donneurs de sang pour expliquer cette situation. En milieu urbain, où le brassage inter culturel existe, aussi mieux adapté pour abriter le don du sang, ce model explicatif n'est pas pertinent. L'objectif de ce travail est donc d'apporter un nouvel éclairage sur cette question à partir d'une approche anthropologique de type qualitatif et interactionniste qui analyse le lien entre les agents de santé et les donneurs, la motivation des donneurs et non donneurs, ainsi que leurs expériences concrètes avec l'institution médicale. Il ressort de cette recherche que contrairement à ce qui est dit et ce qui se fait, la population d'Abomey-Calavi dispose de sa propre logique sur le don du sang. L'analyse de l'expériences des donneurs et non donneurs montre que le processus du don de sang reste à améliorer d'une part. D'autre part, l'analyse des donneurs montre que le non-respect du lien social qui existe entre les donneurs et les agents de santé constitue parfois une source de réticence pour la population.

Mots clés : don du sang, lien social, logique, motivation et expérience

Abstract

In African countries, infant, accidental, childbirth (...) are among the main causes of lack of blood. These causes are linked to the low participation of populations in blood donation. The latter is one of the strategies found by the medical profession and national and international organizations to reduce these different types of mortality. Several studies highlight the importance of blood donors in explaining this situation. In urban areas, where cross-cultural mixing exists, which is also better adapted to shelter blood donation, this explanatory model is irrelevant. The objective of this work is thus to shed new light on this issue from an anthropological approach of qualitative and interactionist type that analyzes the link between health workers and donors, the motivation of donors and no-donors, As well as their concrete experiences with the medical institution. It is clear from this research that, contrary to what is said and what is being done, the population of Abomey-Calavi has its own logic on the donation of blood. The analysis of their experiences (sellers of herbal tea) and those who do not give blood shows that the process of donating blood remains to be improved on the one hand. That is, preparing herbal tea for a person who is lacking blood is sometimes more effective than blood transfusion. On the other hand, donor analysis shows that failure to respect this social bond between donors and health workers is sometimes a source of reticence for the population.

Keywords: blood donation, social bond, logic, motivation and experience

Introduction

Le don du sang est un acte nécessaire pour la survie de l'être humain. Ainsi, pour les enfants anémiés, les accidentés de route et autres, il faut le sang et les produits sanguins. Le cas de la mortalité infantile constitue encore un important défi pour l'Afrique en dépit des nombreuses initiatives et interventions visant à la réduire. Le manque de sang est l'une des causes liées à cette mortalité (OMS, 2014). A cet effet, il faut en permanence le sang pour réduire cette situation. Alors, le recours aux donneurs de sang est capital du moment où le sang ne peut provenir que de l'être humain, n'empêche qu'il existe d'autres alternatives. Les caractéristiques socioéconomiques des individus (niveau d'instruction, la capacité financière, etc.), les représentations que la population a du don du sang sont aussi présentées comme des causes de la faible participation au don du sang.

Au regard des conséquences liées au manque du sang, et de la récurrence des étudiants en particulier et la population en générale à la participation au don du sang, l'étude de la perception sociale du don de sang au Bénin revêt un double intérêt. D'une part, elle représente un défi scientifique, lié à l'investigation de dimension encore peu explorée par les sciences sociales. D'autre part, elle constitue une source de connaissance nécessaire à l'élaboration des futures stratégies pour une meilleure participation de la population au don du sang.

Il s'agit d'une étude qualitative, qui combine lien social et motivations de la population à travers l'expérience concrète des étudiants, des donneurs et les non donneurs, avec l'institution médicale, pour apporter un nouvel éclairage à la faible participation de la population au don du sang.

Pour ce faire, il est organisé en quatre chapitres. Le premier et le deuxième chapitre présenteront les considérations théoriques et la problématique de la recherche ainsi que le cadre de la recherche et la démarche méthodologique adoptée. Le troisième et le quatrième chapitre aborderont les données empiriques qui ont été collectées ainsi que les analyses qu'elles ont inspirées.

CHAPITRE I : CADRE THEORIQUE

CHAPITRE I : CADRE THEORIQUE

1.1. PROBLEMATIQUE

Le sang est une substance rouge qui sert plusieurs être vivant. Ce liquide très précieux, renouvelable est nécessaire pour la survie de tout être humain. En dépit de sa nécessité, il constitue une menace qui pèse sur le monde en général et sur les sociétés africaines en particulier. Depuis des décennies, plusieurs chercheurs ont montré une importance majeure aux pratiques liées au don du sang. En reconnaissant cette importance, plusieurs décisions ont été prises au niveau national comme mondial, c'est le cas de la sensibilisation à travers les messages, les mass médias…etc. L'objectif de cette sensibilisation est de mobiliser une bonne partie de la population à donner son sang (associations, organisations non gouvernementales, institutions d'Etat…etc.). Ainsi en septembre 2000, il a été organisé le plus grand rassemblement de chef d'Etat pour adopter et inaugurer la déclaration du nouveau millénaire (OMS 2011). Celle-ci approuvée par 189 pays, a été traduite en une feuille de route fixant des objectifs à atteindre fin 2015. Les huit objectifs du millénaire pour le développement s'appuient sur des accords passés lors de la conférence des Nations Unies dans les années 1990 (OMS 2011). Ces objectifs représentent des engagements, visant à réduire la pauvreté et la faim dans le monde et à s'attaquer à la maladie, aux inégalités homme-femme, au manque d'instruction, à l'absence d'accès à l'eau propre et à la dégradation de l'environnement. Parmi ces objectifs, trois sont directement liés à la santé dont la réduction de la mortalité chez les enfants, l'amélioration de la santé maternelle, la lutte contre les maladies comme le VIH/SIDA, le paludisme et autres maladies (OMS 2011). Ces trois OMD offrent également une occasion importante de souligner le rôle joué par les donneurs de sang volontaires dans la promotion de la santé et la participation communautaire. Ainsi, les donneurs de sang jouent un rôle important dans la réalisation des OMD liés à la santé du fait que l'accès à une transfusion sanguine sure est l'une des exigences permettant de réduire la mortalité maternelle et juvénile.

En reconnaissant l'importance de la transfusion sanguine comme service central des systèmes de santé à tous les niveaux, l'OMS met en avant la stratégie intégrée pour la sécurité et la disponibilité du sang. Cette stratégie consiste en la création de service de transfusion sanguine bien organisé, coordonné à l'échelle nationale et pouvant fournir un approvisionnement en sang et en produits sanguins sure suffisant et en temps voulu. Aussi faut-il noter l'importance de la collecte de sang auprès des donneurs volontaires non rémunérés présentant un faible risque d'infection transmissible par la transfusion sanguine et l'élimination progressive des dons familiaux de remplacement et des dons rémunérés. Ces objectifs sont également poursuivis par la Fédération Internationale des Sociétés de la Croix-Rouge et du Croissant-Rouge depuis 2009. Il s'agit de promouvoir une culture mondiale qui permettra d'obtenir 100% du don du sang volontaire et non rémunéré dans l'ensemble des pays du monde (WHO 2009). Suivant ces différentes stratégies mises en œuvre sur le plan mondial, la fréquence moyenne du don de sang est quinze fois plus faible dans les pays en voie du développement que les pays développés (OMS 2007). Ainsi, au Bénin, moins de 1% de la population participe au don du sang (ANTS 2013). Ce qui ne permet pas de garantir un approvisionnement du sang à long terme, puisque l'une des meilleures satisfactions des malades ou receveurs est la réserve du sang en quantité et en qualité dans les centres de santé. D'autres chercheurs ont également abordés la question dans sa généralité. Par ailleurs, dans un contexte culturel du Bénin, Oloukoï A. Mathieu (2005, p) a analysé les différents problèmes autour du don du sang dans un dynamisme plus global. Ainsi, Richard M. Titmus (1997, p) démontre également qu'il est nécessaire de promouvoir la culture du don du sang volontaire, non rémunéré en milieu urbain, afin d'avoir la qualité et la quantité de sang au sein de la population. Selon lui le don de sang doit être un geste libre, volontaire, gratuit, individuel et anonyme ; ce qu'il nomme un don « altruiste ». Le donneur doit considérer le don de sang comme un acte socialement construit sans viser un intérêt individuel ou une rémunération en retour. La population urbaine est donc mieux placée pour favoriser la culture du don altruiste. François Pouillon (2016, p) est dans la même logique du don que Titmus. En réalité, cette forme de don considérée chez Richard M. Titmus est caractéristique de ce qu'Emile Durkheim (1967) appelle société à solidarité organique. De façon générale, Marcel Mauss (1980) explique deux aspects du don. Un aspect basé sur la théorie de volontariat ; c'est-à-dire le don a un caractère libre et gratuit. Le second aspect démontre en réalité qu'un don effectué a toujours un retour au profit de son acteur. Il y a un lien ou une forme de contrat entre les donneurs et les receveurs (l'institution et les malades) d'où le concept de « prestation totale », l'obligation de rendre les cadeaux reçus. Aussi pour qu'il y ait un caractère altruiste, il faut considérer une certaine motivation au profit de son acteur. Ce dernier tient aussi compte de son expérience pour orienter ses actions. Dans ce cas, les comportements et attitudes de la population face au don du sang sont considérés dans leurs contextes social, économique, politique et symbolique.

Ainsi, le don du sang constitue une occasion privilégiée d'observation des enjeux et interaction qui se joue entre agent de santé et donneurs, entre donneur et non donneur. Dans cette perspective, le don du sang est interprété selon le bord religieux, le niveau d'instruction, le statut professionnel, la situation économique. Ce n'est qu'à la croisade de ses multiples interactions soutenues par des enjeux forts contradictoires que la faible ou forte participation au don du sang prend son sens. C'est donc en s'inspirant des concepts et modèles d'analyses développés par l'anthropologie que cette recherche envisage de partir de la perception sociale pour mettre en évidence les multiples enjeux et interactions au tour du don de sang. Le fait de s'intéresser à la commune d'Abomey-Calavi permet d'interroger le phénomène généralement constaté par une faible participation au don du sang. C'est d'ailleurs en partie pour cette raison que la commune d'Abomey-Calavi, située dans le département de l'atlantique a été retenue. Cette commune, étant parmi les plus peuplées au Bénin, représente 21% des départements de l'atlantique-littoral (INSAE 2002) et 14% de la population totale (INSAE 2013). Cependant, la question sur la perception sociale du don de sang permettrait ainsi d'analyser les enjeux sociaux et interaction autour du don de sang et la manière dont le statut professionnel, l'expérience sanitaire, le niveau d'instruction des acteurs sociaux déterminent les choix à la participation au don de sang. Alors : **quel regard portent les acteurs sociaux du don de sang dans la commune d'Abomey-Calavi ?**

1.2. Hypothèses

Pour effectuer la présente recherche, les hypothèses et objectifs ci-après ont été élaborés :

- **HYPOTHESES**

H1-Le don de sang établie une relation réciproque entre donneurs et soignants.

H2-La participation au don du sang est liée à une motivation personnelle.

1.3. Objectifs

- **OBJECTIF GENERAL**

L'objectif général est d'analyser la perception sociale de la population par rapport au don du sang.

- **OBJECTIFS SPECIFIQUES**

Dans le cadre de la recherche, deux objectifs spécifiques ont été élaborés :

O1- Analyser la réciprocité relationnelle qui existe entre donneur-soignant et le mode de fonctionnement.

O2-Expliquer en quoi la participation au don du sang est liée à une motivation personnelle.

1.4. Clarification conceptuelle

La clarification conceptuelle met en exergue les concepts qui portent la racine du problème sociologique. C'est-il- dire elle présente schématiquement la structure de la recherche avec ses variables explicatives. Ainsi, la faible participation de la population au don du sang constitue un problème ; les variables qui l'expliquent sont : la réciprocité et la motivation.

En effet, le concept de réciprocité se rapproche plus au concept de lien social et du contrat social. A travers l'étude de plusieurs œuvres se rapportant au sujet, il ressort que les concepts de lien social et de contrat social se complètent ou même se rattachent sur une même fonction. Ainsi la question du lien social est au cœur du projet sociologique depuis l'époque des « pères fondateurs » du XIXe siècle. Pour Auguste Comte (1848, p.105) et Emile Durkheim (1967, p.73), la sociologie à sa responsabilité de sauver la société. Pour cela, elle se doit de maintenir le « lien social » hors d'une menace de désintégration grandissante. Ce qui signifie que le concept de « lien social » est capital dans une société et intervient lorsqu'il est question d'une carence, qui se manifeste par des situations d'isolement, soit d'une détérioration se traduisant par un relâchement du groupe ou réseau relationnel. Ce dernier aspect explique la responsabilité des individus face à leur engagement à travers une réparation ou une redynamisation des relations sociales. Aussi, comme le montre Jean-Jacques Rousseau (1762, p.38), le contrat social représente un contrat primordial à partir duquel se constitue une société. Ensuite, la sociologie formelle de George Simmel (2010, p.51) propose de distinguer les formes de socialisation de leur contenu. Pour lui, la notion d'action réciproque est rattachée à la socialisation. Ainsi, il définit la socialisation comme le processus d'action réciproque par lequel se lient et se délient les individus, se constituent et se désagrègent les groupes sociaux. Etant donné que la psychologie et la sociologie sont deux disciplines scientifiques qui se complètent, le concept de motivation relève particulièrement de la psychologie sociale. Ainsi, la motivation désigne les forces qui agissent sur une personne ou à l'intérieur d'elle pour la pousser à se conduire d'une manière orientée vers un objectif (Pierre Louart, 1997, p.18). Cette définition montre que toute motivation est orientée vers un but, c'est-à dire un résultat auquel l'individu veut parvenir. Ensuite, il existe deux catégories de théorie de motivation développées par Abraham Maslow (1970, p.28) et Frederick Herzberg (1971, p.160). La première est liée aux besoins et la deuxième est liée à l'action mise en place par les besoins. Cependant, il existe un lien entre les interactions sociales et les motivations. C'est le cas de la théorie des attentes qui stipule qu'en se basant sur les intuitions ou leurs expériences passées, les individus évaluent pour eux la probabilité d'obtenir des résultats souhaités en ayant la conduite appropriée. De la même manière, la théorie de l'équité insiste sur les comparaisons sociales et l'importance des individus d'être traités avec justice par rapport aux autres (Pierre Louvart, 1997, p.18).

Par ailleurs, le dictionnaire de la sociologie définit la perception sociale comme l'étude qui prend pour objet ce que les individus voient des choses ou des gens est model d'une certaine manière, par la société. De cette définition, nous retenons que la perception sociale est la vision que nous avons de nous-mêmes, des autres et de la société ; vision acquise au cours d'un long processus de socialisation.

Enfin, les expériences individuelles constituent aussi un élément central dans la compréhension du don de sang en tant que phénomène social. Certains chercheurs comme (Gaëlle Fonteyne, 2004, p.155 ; Oloukoï Mathieu, 2005, p.12 ; etc.) ont d'ailleurs montré l'importance du contexte de l'expérience du don de sang. Pour ces auteurs, le contexte peut être identifié aux dispositifs historiques ou à des réseaux particuliers de signification dans lesquels l'expérience du donneur ou non prend forme et sens. En d'autres termes, l'expérience est considérée ici comme les obstacles des participants ou non au don du sang. C'est-à-dire la perception des situations imprévisibles et la façon d'y réagir, la manière de nommer, de décrire et de gérer les changements physiques, le moment où l'aide médicale doit être sollicitée en cas d'incident. Cette dimension expérientielle permet donc de jeter un éclairage particulier sur la manière dont la réalité du don de sang est construite. Il ambitionne de l'utiliser dans cette recherche pour comprendre mieux comment le don de sang est construit en fonction des expériences antérieures que la population (étudiants, taxi moto, agents de santé…etc.) a eu avec le don de sang.

1.5. Revue critique de littérature

Le don est un fait social porté par plusieurs disciplines et sous discipline comme étude. En anthropologie et en sociologie, Marcel Mauss (1980, p.30) établit un lien de qualification des pratiques humaines aux faits sociaux du don. Il donne une explication générale dans laquelle on peut trouver plusieurs formes de don. C'est le cas du don de sang. Ainsi, il explique qu'en réalité un don effectué a toujours un retour envers son acteur selon les sociétés « primitives ». C'est –à dire quel que soit le type du don il y a une contrepartie même si l'acteur n'exige pas à son profit et n'agit pas de façon volontaire. A partir de cette idée, on ne saurait parler du don tant qu'il n'y a pas un acte de réciprocité entre les acteurs. Cet acte englobe l'aspect moral, physique et aussi spirituel, ce qui implique la nécessité de le rendre volontaire ou involontaire. C'est en ce sens qu'il qualifie le don comme une prestation totale. Ainsi, plusieurs auteurs sont dans la même problématique que Mauss. C'est le cas de Claude Lévi-Strauss (1968, p.20), pour qui le don se résume sur deux aspects, une vertu subjective et l'échange lui-même. Il est donc sur une voie étroitement parallèle à celle de Mauss sans le rejoindre. De la même manière, François Athané (2009, p.6) fait le point sur le don en énonçant la difficulté de ces précurseurs. Il s'agit de la distinction entre les formes de don qui existe. Selon lui, il y a deux formes de don ; la première n'exige pas de retour au profit de son acteur et la deuxième est celle qui exige de retour au profit de son acteur, qui peut entrainer des violences lorsque ce retour n'est pas respecté. Mais par la suite de ce travail effectué par François Athané, on se pose toujours la question de savoir à quelle forme correspond le don de sang.

Par ailleurs, le don de sang en santé publique et en particulier en science sociale portait un objet d'étude depuis des décennies. Cependant, Richard M. Titmuss (1997, p.17) explique l'importance des donneurs dans le domaine sanitaire de la transfusion sanguine. A travers cette reconnaissance, il évoque les principes nécessaires desquels il faut s'abstenir pour le don de sang. Pour cela, il propose un don de sang basé essentiellement sur un geste libre, volontaire, gratuit, individuel et anonyme. Selon lui, le don altruiste est un don destiné à un inconnu, sans que l'on n'attende un retour, sans que l'on ne soit soumis à une sanction financière. Cette idée de Titmuss semble correspondre à l'une des formes du don démontré par François Athané, celle basée sur l'inexistence de retour au profit de son acteur. Il s'intéresse aussi à la qualité du sang, en expliquant que les milieux urbains sont mieux indiqués pour abriter la collecte du sang. Car dans ces milieux, la solidarité organique (Durkheim 1967, p.73) est fortement développée ; ce qui favorise un don altruiste. Mais cette idée de Titmuss provoque une réaction des économistes. A cet effet, Robert M. Solow (1971, p.1696) se prononce : « le don du sang rémunéré n'a pas d'effet sur le don altruiste, au contraire cette forme de don accroit les possibilités ». C'est-à dire le don de sang rémunéré n'est qu'un moyen de collecte parmi tant d'autres. Ensuite, plusieurs organismes nationaux et internationaux rejoignent le point de vue de Titmuss. C'est le cas de l'Organisation Mondiale de la Santé(OMS) qui défend aussi le don volontaire et non rémunéré. Le même objectif est poursuivi par Women Human Organization(WHO) et aussi la Fédération Internationale des Sociétés de la Croix-Rouge et du Croissant-Rouge(FISCRCR).

Au vue de toutes ces idées développées par les auteurs ci-dessus, il en existe deux catégories, ceux qui défendent le don altruiste et ceux qui défendent celui commercial. Entre ces deux catégories d'auteurs, Oloukoï A. Mathieu (2005) expose les difficultés auxquelles le don du sang s'est confronté en république du Bénin. Il examine le phénomène dans une perspective fonctionnaliste du système dans son ensemble. Mais malgré la contribution de ces auteurs sur le don du sang, il reste toujours une attente au sein de la population urbaine. Etant donné que les populations urbaines sont mieux indiquées pour promouvoir le don du sang selon Titmuss, la commune d'Abomey-Calavi, une ville urbaine ne se trouve pas reconnaissant sur le point de vue de Titmuss. Cependant, ce point de vue de Titmuss mérite des critiques ces dernières années. A cet effet, il est nécessaire de comprendre la pratique actuelle du don de sang, en se basant sur l'actionnisme de Max Weber afin de pouvoir expliquer le sens de l'action de cette population et aussi le sens de réciprocité de cette action.

1.6. Pertinence du choix du sujet de recherche

Le fait d'entreprendre la recherche, sur la perception sociale du don de sang s'explique à travers plusieurs facteurs. Le premier, d'ordre subjectif, est d'abord impressionné par le domaine sanitaire, le don de sang est souvent considéré pour moi comme une manière d'aider les autres en donnant le sang. Ainsi, le concept « don de sang » est entendu la première fois au cours secondaire, quand un de mes frères souffrait d'une anémie pendant un bon moment. C'est grâce à cette pratique du « don de sang » qu'il a pu retrouver la vie jusqu'aujourd'hui. Alors depuis ce moment, cela a été conçu dans ma tête que le fait de donner son sang participe largement à la survie des êtres humains. Ayant pris connaissance de cette importance, il a été toujours une source d'interrogation pour moi de comprendre l'avis de la majorité sur cette action. Plus loin, à travers mes expériences, trajectoires scolaire et universitaire, ces questionnements se sont renforcés. Etant parfois participant à la collecte des poches de sang avec le Service Départemental de la Transfusion Sanguine(SDTS) de l'Atlantique-Littoral au CNHU, ces expériences ont été une occasion pour mettre la perception ainsi que la motivation de la population en lien avec les pratiques normative et biomédicale promues et vulgarisées par les structures internationales(OMS, WHO, FISCRCR) et les structures publiques (centres de santés, centres de promotion sociale). Durant mes collaborations avec l'institution, j'ai été touché par l'écart qui existe entre la population et l'institution en charge de la transfusion sanguine. Pour la plupart des agents de santé et acteurs interviewés, ''il y a une réticence de la population face au don de sang'', ''on a besoin des donneurs'' la population ne veut pas donner du sang alors qu'on en a besoin pour sauver la vie des accidentés, des enfants…Etc. Par la suite, il est devenu une motivation pour moi d'aborder la question de perception sociale du don de sang au sein de la population.

1.7. Modèle d'analyse

L'actionnisme est une théorie sociologique développée par Max Weber, qui propose d'analyser l'action des acteurs comme un élément constitutif de ces mêmes faits. Autrement dit, toute analyse doit nécessairement partir de l'individu. Ainsi pour weber, la sociologie doit s'occuper de comprendre les actions des hommes ; d'où la « sociologie compréhensive ». Cependant, pour expliquer une action ou une croyance collective, il faut retrouver les raisons des individus qui composent le groupe. Bien que dans ce travail il est nécessaire d'aborder l'intention des acteurs sociaux sur le don de sang, il est aussi important d'aborder le lien de réciprocité entre ces acteurs sociaux.

En s'inscrivant dans la vision de cet auteur de l'individualisme méthodologique, elle a permis de comprendre que malgré l'existence des stratégies sanitaire sur le plan national et international, les populations d'Abomey-Calavi ont leur propre compréhension sur le phénomène du don de sang.

CHAPITRE II : ITINERAIRE METHODOLOGIQUE ET MONOGRAPHIE SUCCINCTE DU CADRE DE LA RECHERCHE

CHAPITRE II : ITINERAIRE METHODOLOGIQUE ET MONOGRAPHIE SUCCINCTE DU CADRE DE LA RECHERCHE

Le présent chapitre est consacré à la présentation du cadre de la recherche et de la démarche méthodologique.

2.1. Itinéraire méthodologique

2.2.1. Nature de la recherche

La présente recherche est de nature qualitative. Elle vise à comprendre la manière dont la population d'Abomey-Calavi perçoit le don de sang. Ainsi, la recherche qualitative peut être définie comme une activité qui permet à un individu ou à un groupe d'acquérir des connaissances précises sur la réalité culturelle et sociale vécue quotidiennement (Beaudry, 1975). Pour ce faire, il faut analyser la perception de la population, identifier le lien entre donneur et receveur ainsi que les motivations des donneurs de sang. Pour un tel objectif compréhensif, visant à produire des données qualitatives, il faut se dégager autant que possible de toute condamnation morale et de tout jugement subjectif.

2.2.1. Echantillonnage et population

La population impliquée dans la présente recherche est constituée de deux catégories d'acteurs. Le corps médical et le corps non médical. Le corps médical est constitué du personnel médical tel que : médecin, sages-femmes, infirmiers, aides-soignantes (…), et aussi du personnel paramédical, comme technicien de laboratoire, assistance sociale…etc. Le corps non médical quant à lui est composé de donneur et de ceux qui n'ont jamais donné du sang. Ainsi ce corps civil se répartis comme suit : étudiants (homme et femme), taxi moto appelé communément zémidjan et vendeuses de tisane. Ces différents groupes cibles ont été retenus de façon raisonnée en fonction des objectifs de la présente recherche et du niveau de connaissance et d'implication dans la gestion du don de sang. En conséquence, la taille de l'échantillon n'a pas été fixée avant l'entame de la collecte des informations, mais après en fonction du seuil de saturation des informations.

Le choix de la commune d'Abomey-Calavi est motivé par le fait qu'elle constitue l'une des communes les plus enclavées dans laquelle l'on retrouve une forte communauté d'étudiants qui sont souvent considérés pour la collecte des poches de sang. La ville de Calavi, notamment l'Université d'Abomey-Calavi(UAC), les villages de Houèto, Ahossougbèta, Tokan et Ouèdo qui ont été retenus pour la collecte des données l'ont été pour l'accessibilité des allochtones et pour le fait qu'ils sont constitués de plusieurs groupes socioculturels. Ce mode de sélection raisonné est conforme à la nature qualitative de la recherche dont la finalité n'est pas d'avoir un échantillon statistiquement représentatif mais plutôt un échantillon exemplaire.

Au total, cinquante (50) acteurs ont été interviewés à partir des guides d'entretien semi-structurés. Ainsi, il est à souligner que La répartition de ces acteurs suivant le sexe et suivant leur statut se présente comme suit :

Figure1 : Répartition des acteurs interviewés par sexe

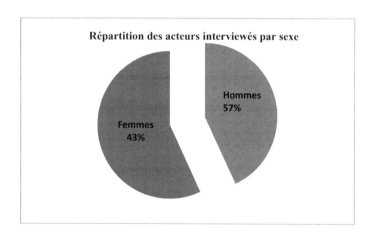

Source : Donnée de terrain, 2017

Figure 2 : Répartition des acteurs interviewés par groupe cible

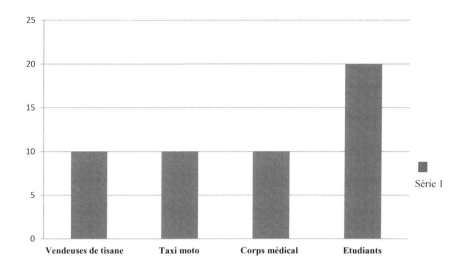

Source : Donnée de terrain, 2015

Au total, 20 étudiants, 10 taxis motos (zémidjan), 10vendeuses de tisane, 5agents médicaux et 5agents paramédicaux ont été interviewés dans le cadre de cette recherche. Ainsi, du point de vue de sexe et de pourcentage des interviewés, cela fait 57 pourcent des hommes contre 47% des femmes. Les critères permettant de choisir ces acteurs interviewés sont le niveau d'instruction, le statut professionnel et le niveau de vie économique.

2.1.3. Techniques et outils de collecte de données

Plusieurs outils et techniques de recherche ont été utilisés dans le cadre de cette étude. En conséquence, les techniques et outils de collecte de données sont adaptés pour produire des données à partir des paroles et des comportements quotidiens des étudiants et autres acteurs impliqués dans la gestion du don de sang. Dans cette logique, deux techniques avec leurs outils correspondants ont été utilisées pour produire les données dans le cadre de la présente recherche.

Les entretiens semi-structurés

L'entretien est une technique de recherche qui permet au chercheur d'aller plus en profondeur des informations en vue de rendre compte du "point de vue" de l'acteur. Il permet de produire des données discursives donnant accès aux représentations émiques, autochtones, indigènes ou locales (Olivier de Sardan, 2003, p.5). L'entretien individuel semi-structuré, est la forme d'entretien qui a été la plus utilisée au cours de la présente recherche. Il exige que le chercheur dispose d'un ensemble de thèmes et de sous-thèmes qui vont structurer ses discussions avec les interviewés et sur lesquels il doit obtenir des informations. Ces entretiens se sont déroulés avec une durée moyenne d'une heure. Ils ont été élaborés, l'un bien évidemment en direction des étudiants, les vendeuses de tisane, les taxis motos et l'autre en direction des agents de santé. Le troisième guide a été élaboré pour les personnes comme les donneurs et non donneurs au sein de la population. Les thèmes qui ont été abordés sont le don de sang et la santé, le sang et la santé, les maladies liées au sang, les maladies infantiles, causes et conséquences liées au manque de sang, don de sang et donneur, donneur et receveur critère de choix, relation entre donneur et l'institution (ANTS), l'histoire personnelle sur le sang. Par ailleurs, ces entretiens ont été particulièrement interactifs, permettant de nouvelles questions, qui conduisent à de nouvelle piste de travail. Ce qui favorise la formulation de nouvelle question pour bien comprendre ou approfondir le sujet.

Les observations directes et prise de note

L'observation est une technique par laquelle le chercheur observe directement, par la présence sur le « terrain », les phénomènes sociaux qu'il cherche à étudier. Dans un travail anthropologique, le chercheur alterne les entretiens aux séances d'observation. Ce qui lui permet d'éviter la surinterprétation car, en mettant l'observation en relation avec le discours des individus, deux points de vue se confronte : celui du chercheur (qui normalement traduit une objectivité) et celui des individus (qui traduit une certaine subjectivité propre à l'appartenance même au terrain). Ainsi, en fonction des objectifs de la présente recherche, les interactions entre donneurs et receveurs et la population ont été observées sur le terrain durant deux heures par jour pendant une semaine.

Ces séances d'observations ont constitué un excellent outil du démarrage et de triangulation. Pour systématiser les observations et les valoriser au mieux, une grille d'observation spécifiant les objets de l'observation, les lieux, l'objectif et les acteurs a été élaborée. Par ailleurs, des notes et des photos ont été prises pour objectiver les données qui seront produites à partir des données d'observation.

Source d'information

❖ **Sources documentaires**

La recherche documentaire a couvert toute la durée de la recherche et a permis de prendre connaissance et de capitaliser les travaux antérieurs sur le don de sang et les pratiques qui lui sont liées. Elle a été d'une grande utilité pour l'orientation théorique et méthodologique de la recherche. A cet effet, plusieurs centres de documentation ont été parcourus. Le tableau suivant présente les centres de documentation parcourus, la nature du document et les types d'informations obtenues.

Tableau I : Sources documentaire

Structures/centre de documentation	Nature des documents	Types d'informations obtenues
Archives communales	Livres, rapports	Information générale sur la commune d'Abomey-Calavi
Bibliothèque du département de sociologie-anthropologie	Thèses, livres, rapports	Information générale sur le don de sang
ANTS	Livres, rapports, mémoires et thèses	Information générale sur les plans et programmes mises sur pied par l'agence sur le don de sang
Ministère de la Santé	Rapport annuaire sur le don de sang	Information sur les stratégies mises sur pied par le ministère sur le don de sang
INSAE	Livre et rapport	Information relative à l'Enquête Démographique de la Santé (EDS)
ANCB	Plan de Développement communal d'Abomey-Calavi	Présentation de la commune d'Abomey-Calavi
Internet	Mémoires et articles	Informations sur les problématiques ayant rapport au don du sang

Source : Données de terrain, 2017

Outre la recherche documentaire effectuée dans les centres de documentation et les bibliothèques, une recherche bibliographique a été également conduite. Elle a permis d'utiliser les ressources bibliographiques en ligne. Ainsi, les portails tels que revues.org, erudit.org, persée.fr et les classiques des sciences sociales ont été utilisés pour répertorier les références bibliographiques afférentes à la recherche. Ceci nous a permis de trouver de nombreux articles portés sur le don de sang.

La recherche documentaire et bibliographique a été d'une très grande utilité notamment en ce qui concerne le positionnement de la recherche, l'affinement des questionnements et l'orientation des analyses. Elle a surtout permis de rendre compte de l'écart entre le don de sang et la population.

❖ **Sources orales**

Les personnes ressources concernées par cette étude sont les étudiants composés des donneurs et non donneurs, les vendeuses de tisane, les zémidjans et les agents de santé. Elles ont été ciblées sur la base de leurs expériences et de leurs connaissances du don de sang. D'enrichissantes informations ont été tirées des différents entretiens menés avec ces acteurs.

2.1.4 Technique de traitement et d'analyse des données

Pour finaliser cette recherche, Word 2007 et Excel 2007 sont les deux logiciels utilisés respectivement pour faire la saisie et réaliser les tableaux qui figurent dans le document. Les entretiens enregistrés en langue locale ont été intégralement traduits. Ainsi, les transcriptions ont été faites au fur et à mesure de la collecte des données. De la même manière, les transcriptions ont été complétées par les notes prises et les observations faites.

Lorsque les données empiriques sont transcrites, relues et mises en forme, il a été procédé au tri thématique qui a consisté à réaliser des fichiers thématiques en fonction des thématiques abordées dans les guides d'entretien et retenues dans la grille d'observation. Après ce travail, une analyse par thématique a été faite. Ce qui a permis d'aller plus en détail pour étayer certains concepts socio-anthropologique.

2.1.5. Aspect éthique de la recherche

La présente recherche est effectuée sous l'autorisation administrative du Département de la Sociologie-Anthropologie (D-SA), à travers une fiche d'autorisation de recherche. Cette fiche a été considérée comme un passeport sur le terrain, elle a permis de se présenter à chaque interviewé ou personne ne ressource afin de mieux les mettre en confiance et en sécurité par rapport aux informations qu'ils fournissent. Ainsi, à chaque fois qu'il est question de prendre des photos ou d'enregistrer l'entretien, l'avis de l'interviewé est important. De la même manière, les entretiens ont été codés, afin de pouvoir protéger les interviewés.

2.1.6. Difficultés

Pour réaliser le présent travail, quelques difficultés ont été connues. Les principales difficultés sont liées à la nature de la recherche, notamment la collecte des informations au sein de l'Agence Nationale pour la Transfusion Sanguine (ANTS) constitue un handicap majeur pour le début de ce travail. Sur le terrain, d'autres difficultés d'ordre matériel et financier ont été rencontrées. Mais, ces difficultés n'ont pas empêché de réaliser le présent travail. Car, toute recherche de terrain comporte des biais dont le chercheur doit être conscient pour en minimiser les effets à travers ses choix méthodologiques. Ainsi, il est considéré parfois sur le terrain que le chercheur est un étranger.

2.2. Monographie succincte du cadre de la recherche

Elle permet de préciser clairement le cadre de la recherche en se basant sur les éléments caractéristiques du milieu de la recherche.

2.2.1. Situation géographique et administrative

La commune d'Abomey Calavi, située dans la partie sud de la République du Bénin et du département de l'Atlantique, est limitée au nord par la commune de Zè, au sud par l'océan Atlantique, à l'est par les communes de Sô-Ava et de Cotonou, et à l'ouest par les communes de Tori-Bossito et de Ouidah. C'est la commune la plus vaste du département de l'Atlantique dont elle occupe plus de 20% de ce département. Elle s'étend sur une superficie de 539 Km² représentant 0,48% de la superficie nationale du Bénin. La commune d'Abomey-Calavi a un relief peu accidenté. Les principaux traits caractéristiques sont : une bande sablonneuse avec des cordons littoraux, un plateau de terre de barre et des dépressions et marécages. Le climat est de type subéquatorial marqué par deux saisons pluvieuses et deux saisons sèches. Le réseau hydrographique est constitué essentiellement de deux plans d'eau que sont le lac Nokoué et la lagune côtière. Par ailleurs, la commune dispose d'une façade maritime juxtaposée à la lagune côtière, des marais, des ruisseaux et des marécages. Tout cela lui offre des potentialités touristiques et halieutiques. La plus grande partie du territoire de la commune d'Abomey Calavi est occupée par des sols ferrugineux tropicaux et des sols sablonneux peu propices à l'agriculture. Les sols hydromorphes très inondables n'occupent qu'une petite partie au nord du territoire. Les terres cultivables sont estimées à 464,5 Km². Le couvert végétal de la commune varie selon les faciès traversés. Ainsi, on y rencontre la mangrove à palétuviers et des cocoteraies dans la zone côtière, une savane dégradée sur le plateau avec une domination de la jachère à palmier à huile, et un groupement herbeux dans les marécages et le long des berges du lac Nokoué (Afrique Conseil, 2006).

La commune d'Abomey-Calavi compte soixante-dix (70) villages et quartiers de ville dirigés par des chefs de villages ou de quartiers de ville et répartis sur neuf (09) arrondissements que sont : Godomey, Akassato,Zinvié,Houèto,Ouèdo,Togba, Hêvié, Kpanroun et Golo-Djigbé, Calavi centre. Chacun des arrondissements est dirigé par un chef d'arrondissement (CA) élu.

Le village ou quartier est administré par un Chef de village ou de quartier, l'Arrondissement par le Chef d'arrondissement et la commune par le conseil communal (qui compte 12 membres) avec à sa tête le Maire assisté de deux (2) Adjoints. La mairie d'Abomey-Calavi est composée de la plupart des services prévus par les textes régissant le fonctionnement des communes en République du Bénin. L'administration communale dispose de ses propres services appuyés dans leur mission d'administration et de développement du territoire par les services déconcentrés de l'Etat. Ces services déconcentrés sont : le centre communal de santé, la poste, la brigade de gendarmerie, la direction générale du Cerpa Atlantique Littoral (Afrique Conseil, 2006).

2.2.2. Historique et données sociodémographiques

Abomey-Calavi fut historiquement un démembrement du royaume d'Abomey. Il a été créé par ce dernier afin d'être plus proche du comptoir de Cotonou pour les transactions commerciales.

D'après le Recensement Général de la Population et de l'Habitat (RGPH, 2OO2), la commune de Calavi compte 307.745 habitants soit 21% de la population des départements de l'Atlantique et du Littoral. 74,12% de cette population vivent dans les centres urbains et 25,88% dans les milieux ruraux. Les femmes représentent 51,37% de la population totale de la commune. D'une densité moyenne de 571 habitants par Km², cette population est inégalement répartie dans les neuf arrondissements.

L'arrondissement de Godomey occupe à lui seul plus de la moitié de la population de toute la commune. Par contre, les arrondissements de Togba et de Kpanroun sont les moins peuplés. La croissance démographique est de 5,84% en milieu urbain et de 2,89% en milieu rural. La commune d'Abomey-Calavi subit aujourd'hui l'influence de la proximité de Cotonou, la capitale économique. En effet, l'exiguïté du site de Cotonou et sa forte population conduit à une extension vers Abomey-Calavi. L'ethnie dominante dans la commune est le *Aïzo*, mais les migrations récentes ont permis l'installation d'autres ethnies comme les *Fon*, les *Toffin*, les *Yoruba*, les *Nagot*, les *Goun* et autres. Les religions les plus pratiquées sont le christianisme, les religions traditionnelles, l'islam et autres.

2.2.3. Dynamiques socio-économique et culturelle

Les principales cultures de la commune sont le maïs (52%), le manioc (28%), l'arachide (7%), le niébé (5%), la patate douce (4%), l'ananas (2%), la tomate (1%) et le piment (1%). L'ananas est une culture récente de la commune alors que la tomate et le piment sont des productions maraîchères essentiellement. L'élevage constitue la seconde activité rurale et il porte surtout sur le petit élevage (Volaille, petit ruminant). Aussi, l'élevage moderne d'aviculture, de cuniculture et d'aulacodiculture ont vu le jour ces dernières années et sont conduites de façon professionnelles. Du fait de la forte pression foncière dans la zone, l'élevage contribue fortement à la formation du revenu des ménages ruraux. La pêche est peu développée dans la commune malgré les potentialités qui existent, plans d'eau riches en poissons et exploitables (lac Nokoué, façade maritime) et la disponibilité de bas-fonds pouvant abriter des trous à poissons.

Les activités de transformation dans la commune de Calavi portent sur la production du gari, la production d'huile rouge, la production et conservation des purées de tomate etc. et les ateliers de provenderie (PNUD, 2000).

La commune d'Abomey–Calavi compte une forte proportion de jeunes. On y rencontre aussi plusieurs groupes de musiques traditionnelles et modernes ainsi qu'une diversité de cultes Vodou et autres rites cultuels (PDC, 2006, Afrique Conseil, 2006).

En effet, dans plusieurs village et quartier de ville comme Togba, Ahossougbeta, Calavi centre, Godomey, il existe des chefs de terre ou roi appelé communément Dah. Ces Rois ne sont pas écartés des divinités comme *Sakpata, hèviosso* et autres. Ainsi, il existe d'autres cultes vodoun comme *Zangbéto, Horo,* composés de leurs adeptes qui collaborent avec la mairie et les forces de sécurité de la commune pour assurer la sécurité de la population au temps nécessaire.

CHAPITRE III : LE DON DE SANG, UN ACTE DE RECIPROCITE ENTRE DONNEUR ET AGENT DE SANTE

CHAPITRE III : INTERACTION ENTRE DONNEUR ET AGENT DE SANTE SUR LE DON DE SANG

Ce chapitre vise à rendre compte de la manière dont les donneurs et les agents de santé conçoivent et conceptualisent leurs actions à travers le don de sang. Enfin, l'analyse de ces représentations sociales liées au sang et le don de sang a permis d'identifier l'état de ce lien qui existe entre les donneurs et les agents de santé, ainsi que les effets pervers que peut entrainer en cas de non-respect de ce lien.

1-Conception du sang selon les groupes socioculturels

L'importance du sang, son symbolisme et ses conséquences sociales et économiques ont contribué à la création d'un univers culturel basé sur les pratiques liées au sang. Les représentations sociales du sang ne constituent plus des préoccupations majeures bien établies mais, plus largement, des processus d'attribution de sens par lesquels l'individu explique et interprète l'importance ou rôle du sang à partir des valeurs, normes et symbole qui prévalent dans son groupe d'appartenance. Le tableau suivant décrit l'appellation du sang, ainsi que ses interprétations socioculturelles selon les groupes socioculturel « *aizo* », « *toffin* » et « *fon* » de la population.

Tableau II : Le sang comme lien social

GROUPE SOCIOCULTURELS	APPELLATION DU SANG EN LANGUE LOCALE	INTERPRETATION SOCIOCULTURELLE
Aizo	Ehùn	Le sang unit les hommes et établit des liens de parenté.
Toffin	Ehùn	Le sang permet de sceller l'alliance, il crée un rapport d'intimité.
Fon	Hùn, Kanjo	Le sang représente l'individu, c'est-à-dire le corps et l'âme de l'être qui le possède.

Source : données de terrain, 2017

A partir du tableau II, il se dégage une typologie du lien social que porte le sang. Le premier c'est un lien de parenté ou de consanguinité, le deuxième qui participe aux maintiens de la paix, la réconciliation et un troisième qui relève de l'identité Le lien de consanguinité ou de parenté est relatif à la descendance, au lignage. Dans ce cas, le sang est une source de naissance des tableaux de parenté. Ainsi, la parenté étant une relation sociale privilégiée fondée sur l'existence, réelle ou supposée, d'une filiation commune, d'une alliance ou sur une adoption. Elle résulte de la connaissance d'une relation sociale qui peut ou non coïncider avec une relation biologique entre les parents. Il existe alors plusieurs formes de parenté et plusieurs liens de parenté. Lévi-Strauss (1949) admet pour sa part, pour qu'une parenté humaine puisse exister, trois conditions à priori sont nécessaires. Il s'agit de l'existence de règle ; la réciprocité comme forme d'intégration et le caractère synthétique du don.

Le deuxième lien relevant de l'identité, met en exergue la personnalité culturelle. Deux personnes quittant la même région se retrouvent à un temps donné, profite de leur identité culturelle pour nouer des relations. Dans ce sens, le sang signifie l'identité pour les êtres humains.

Le troisième et dernier aspect lié à la réconciliation, s'explique par un rétablissement de l'entente entre personnes bouillées. Ce type de lien permet de reconstruire une relation blessante au départ afin de trouver ou de reformuler encore le groupe concerné.

Au total, il est constaté que les modes populaires d'attribution du lien social de sang selon les groupes socioculturels se partagent entre deux registres. D'une part, les liens qui relèvent globalement du registre physique, descriptif qu'on peut étudier à travers la corpulence, le groupe d'appartenance d'un individu. D'autre part un registre interprétatif. C'est- à dire à partir de l'ethnie, la langue on peut identifier son groupe socioculturel.

2-Lien social entre donneurs et agents de santé

Le don de sang ne favorise pas seulement la survie de l'être humain, il permet aussi d'établir une relation entre donneur et agent de santé. En effet, Marcel Mauss (1980) dans une étude sur le don avait aussi mis en relief l'existence d'une relation entre celui qui donne et celui qui reçoit. Dans le cas du présent travail, l'agent de santé est considéré comme le receveur, qui manipule, qualifie, préalablement le sang donné avant de transmettre aux patients ou malades. Ainsi, si l'existence de ce lien social est effective chez les donneurs, il est davantage lorsqu'ils se sentent dans le besoin sanitaire. Le fait d'être donneur possédant sa carte, favorise certains soins sanitaires chez les agents de santé. Un donneur rapporte ce qui suit :

> « Le don de sang c'est le fait de donner son sang gratuitement à des agents de collecte de sang pour sauver des humains. Selon ce qui est dit, les donneurs bénéficient de certains avantages comme la prise en charge sanitaire et autres » donneur, UAC.

Il ressort de ce verbatim une importante relation entre les soignants et les donneurs car le fait d'être fidèle en donnant leur sang, les soignants témoignent leurs gratitudes à travers les soins préliminaire en cas de besoin. Le don de sang est un acte altruiste et le donneur est aussi privilégié lorsqu'il est question de sa santé. Pour les soignants de diverses catégories, cette relation s'explique à travers les verbatim ci-après : selon une soignante(pharmacienne) « Le don de sang c'est quelque chose qu'on doit apprécier, ça permet de sauver nos frères, nos sœurs, les bébés parfois même les personnes âgées, et surtout les femmes enceintes sont souvent concernées par le manque de sang. On n'oubliera pas les personnes accidentées aussi. Beaucoup de personnes meurent aujourd'hui à cause du manque de sang. Moi-même je donne mon sang, c'est important pour aider les autres qui sont dans le besoin. Dans tout cela les agents de santé constituent le point de départ et le point d'arrivée pour les donneurs, parce que quand on donne le sang c'est eux qui récupèrent et qui font les analyses avant de le transmettre aux malades ». Pharmacienne, Abomey-Calavi.

Ici, les agents de santé servent de pont entre les donneurs et les malades. Sans eux il ne serait possible de servir les malades par le sang.

> « Le sang est indispensable pour un être humain, sans le sang il ne peut pas avoir la santé. S'il y manque de sang l'individu peut tomber malade. Lorsque j'ai l'habitude de donner mon sang, on ne sait jamais l'avenir je peux tomber malade un jour où j'aurai besoin du sang ou un membre de la famille aura besoin du sang on puisse trouver le plut tôt possible. En

ce sens, ce qui me concerne moi et l'agent de santé c'est seulement aider les autres à travers mon sang que je donne et m'aider aussi à mon tour ou un proche de ma famille » L. G. Samson, donneur de sang, UAC

Malgré son importance, le sang est donné pour sauver la vie d'un être humain qu'on ne connait pas obligatoirement. C'est pour sauver aussi soi-même ou un membre de sa famille par l'intermédiaire des agents de santé.

« Le don de sang c'est bon pour celui qui donne et aussi c'est bon pour sauver les patients. Si le peu qu'on trouve pour sauver certains malades ne provient pas des donneurs, il sera difficile pour les agents de santé de travailler en vue de traiter certains cas chez nous. Ici à la salle d'accouchement, nous avons besoin du sang parfois très urgent. Donc les donneurs de sang constituent une source pour les agents de santé dans ce domaine ; sans eux nous n'existons pas dans ce domaine ; de la même manière sans nous eux ils n'existent pas le sang est capital pour tout le monde. Et ce qui nous réunit c'est d'abord le sang, après cela on s'occupe d'eux quand ils tombent malade ». Sage-femme, Abomey-Calavi.

Il y a une relation d'interdépendance entre les donneurs et les agents de santé.

« La question de don de sang est importante depuis un bon moment, malheureusement on ne fait pas comme il le faut. Le sang est capital pour un être humain, l'agent de santé travail avec le sang, le permet d'identifier beaucoup de problème au sein de l'organisme. L'agent de santé ne crée pas le sang, il faut nécessairement quelqu'un pour donner en cas de besoin. » Docteure, Abomey-Calavi

Comme le sang est indispensable pour tout être humain, les donneurs sont aussi indispensables pour les agents de santé.

Ces récits expliquent l'importance du don de sang et la relation entre donneur et agent de santé. Ainsi, don de sang est nécessaire, mais le donneur bénéficie de certains avantages dans le domaine sanitaire. Les agents de santé constituent des conservateurs de ce geste qui sera retourné au moment opportun. Alors il existe une interaction entre les donneurs et les agents de santé. Selon un agent du Centre National de la Transfusion Sanguine, le rôle des soignants et les conditions nécessaires pour donner son sang sont expliqués comme suit :

> *« (...) j'étais donneur avant d'être embauché par ici. Actuellement, je ne donne plus mon sang à cause de ma santé. J'ai eu à faire un accident entre temps, c'est ça qui ne me permet plus de donner mon sang si non c'est bon de donner son sang. L'agent de santé ne fait que retourner le sang donner par le donneur aux patients si c'est dans les normes. »* CNTS

Il faut être dans certaine condition sanitaire avant de donner son sang. Il faut être en bonne santé, ce n'est donc pas tout le monde qui peut donner du sang même si on le trouve important. De la même manière, tout sang donné ne sert pas.

En effet, le don de sang est reconnu comme indispensable à la réduction de la mortalité infantile liée au manque du sang. Ainsi, tous ces récits mettent en relief le lien social qui existe entre les donneurs et les agents de santé. Les donneurs, pour la plupart savent qu'ils émettent une action qui va servir tôt et plus tard, le fruit de cette action leur reviendra, même si ce n'est pas eux qui en bénéficient directement, leur environnement social ou familial doit jouir en cas de besoin. Au niveau des agents de santé, ils considèrent aussi les donneurs de sang comme des acteurs participant au rétablissement de certains patients d'une part. D'autre part, ils considèrent aussi les donneurs de sang comme l'un des acteurs participant au développement sanitaire.

Dans ce système, les donneurs considèrent leur lien social un ''partenariat gagnant-gagnant'' entre eux et les agents de santé, ce que qualifie Marcel Mauss (1980) de « prestation totale ». En retour, les agents de santé n'ont exactement pas le sens de ce partenariat qui existe entre eux et les donneurs. Pour la plupart des enquêtés, le fait que le don de sang n'est pas obligatoire, il ne peut exister une autre relation en dehors du social ; leur relation se limite sur le don.

CHAPITRE IV : MOTIVATION ET PARTICIPATION AU DON DU SANG DANS LA COMMUNE D'ABOMEY-CALAVI.

CHAPITRE IV : MOTIVATION ET PARTICIPATION AU DON DE SANG DANS LA COMMUNE D'ABOMEY-CALAVI.

Ce chapitre fait une analyse des représentations sociales du don de sang. Pour ce faire, il s'intéresse aux motivations et expériences des donneurs et non donneurs. Ceci permettra de connaitre les logiques qui président leur choix de devenir donneur ou non.

1-Motivation des donneurs et non donneurs par rapport au don de sang

L'étude portée sur la motivation n'est pas trop reconnue en sociologie. Elle a été développée par Herzberg (1971) et Maslow (1970) en psychologie sociale. En sociologie des organisations, Michel Crozier a utilisé la motivation sous d'autre forme en considérant la société comme un système donné. A partir de ce moment, il est devenu utile de s'intéresser à la motivation des populations de la commune d'Abomey-Calavi. C'est le cas des verbatim ci-après :

> « *Avoir le désir de donner du sang, il y a deux cas, le premier cas c'est lorsqu'il y a anémie. Le second cas c'est lorsqu'on voit une affiche ou lorsqu'on a passé un communiqué à la radio ou à la télé sur la pénurie du sang. Celui qui a donné son sang dans le premier cas n'a pas le choix s'il est en face d'une situation, sa motivation elle est spontanée. Mais dans le second cas la motivation est relative car la personne peut ne jamais penser de donner son sang à cause de la religion et autres. Et aussi il y a des conditions avant de donner son sang, il faut avoir minimum 18ans d'abord, être en parfaite santé* » technicien de labo, Calavi.*

Ici, la motivation au don de sang dépend des circonstances ou des situations en face de l'individu. D'où elle est relative à des circonstances.

> « *La perte en vue humaine, les communiqués des masses média, sont des événements qui m'ont conduit à commencer par donner mon sang depuis 2ans. Mais j'entends parler aussi que certains le font juste pour se jouir du rafraichissement qu'on donne après le don. Ceux-ci sont entrain de risquer leur*

vie même s'ils ne trouvent pas à manger ce n'est pas la meilleure occasion. »
technicienne de labo, Calavi

Le don de sang n'est pas seulement lié à des situations psychologiques, il y a aussi les besoins affectifs qui amènent les gens à donner du sang.

« J'ai fait le don de sang il y a longtemps. Je l'ai commencé parce que mon frère m'en avait parlé souvent, et cette manière de me rappeler m'a poussé à commencer par donner mon sang depuis 3ans. » Donneur, UAC.

Celui-ci a eu l'information et l'importance du don de sang par l'intermédiaire d'un membre de sa famille. Ainsi la source de sa motivation est purement familiale.

« Je donne mon sang parce que, une fois un patient est mort devant moi à cause du sang. Depuis ce temps, j'ai reçu un choc psychologiquement. Cela m'a permis de commencer par donner mon sang. » Aides soignant, Calavi.

Bien que le don de sang soit intéressé par certaines personnes au sein de la commune d'Abomey-Calavi, plusieurs facteurs ou évènements constituent une source de motivation personnelle chez les donneurs. Parmi ces sources, le besoin est l'une des principales sources. Ainsi, il existe trois sortes de besoins qu'il peut avoir, le besoin d'accomplissement, le besoin d'appartenance et le pouvoir (Maclellan, 1961). Cependant, la motivation d'un individu est proportionnelle à la force de son désir, qui est soit d'accomplir quelque chose en fonction d'un modèle d'excellence, soit de l'emporter sur des concurrents. Les individus préfèrent des rôles qui leur offrent des récompenses qu'il leur est possible d'évaluer.

En effet, l'analyse de la perception sociale du don de sang en milieu urbain (Abomey-Calavi) révèle que le lien social qui existe entre donneur et agent de santé constitue un point focal sur lequel se repose la question du don de sang. En réalité, la population d'Abomey-Calavi a sa propre compréhension du don de sang. Pour les donneurs, leurs actes sur le don de sang ne seraient possibles que si et seulement si leur prise en charge par rapport aux maladies liées au manque du sang est toujours garantie. Ce sur quoi est basé le lien social entre eux, les donneurs et le corps médical.

Ce dernier, n'étant pas en mesure de préserver ce lien à tout instant, cela constitue une infidélité des agents de santé envers les donneurs de sang. Ainsi, à partir de cette infidélité entraine une désolation qui ne favorise plus une bonne sensibilisation dans l'environnement social et immédiat. Cependant, cela constitue une expérience non seulement pour le donneur mais aussi un conseil sert pour ceux qui n'ont pas encore donné. Ainsi, seul celui qui n'a pas été touché par cette expérience est en face d'une satisfaction de grand nombre, ce qui crée des pertes en vie humaine considérable.

Quant à la motivation, plusieurs facteurs expliquent cette motivation, comme l'histoire de vie personnelle, l'environnement social. Ensuite, lorsque le corps médical est considéré comme déviant par rapport au contrat, le recours aux tradis thérapeutes est devenu de plus en plus important pour traiter le manque de sang. Par contre, il existe d'autres facteurs limitant au don du sang. Parmi ces facteurs, le lien social est l'un des principaux ; ensuite le niveau d'instruction, le cadre de vie, le moyen financier et économique. Ces facteurs sont aussi à la base de la faible participation de la population au don de sang.

CONCLUSION

Le don de sang en milieu urbain a fait l'objet d'étude spécifique depuis des décennies. Alors même que ce phénomène constitue une catégorie spécifique de la dimension médicale. En effet, cette branche de la dimension médicale qui relève du social d'une part et de la médecine d'autre part semble être négligée dans la recherche scientifique. Du moment où, le sang est capital pour un être humain, qui n'a parfois pas le même niveau de vie, du point de vue sanitaire, ils ne pourront que s'aider dans ce domaine afin de réduire la mortalité liée au manque du sang. Il s'agit donc d'une branche très sensible au domaine sanitaire et plus particulièrement à l'homme. C'est la perception des acteurs sociaux sur ce phénomène total qui a été au cœur de cette recherche dont l'objectif est d'apporter un éclairage nouveau sur la question de la faible participation de la population au don de sang à partir du lien social, la motivation et pratiques. La commune d'Abomey-Calavi, par son enclavement avec la dimension socioculturelle assez considérable a été choisie respectivement comme cadre géographique et cadre socioculturel pour la mise en œuvre de la présente recherche.

Il ressort de cette étude que le lien social qui existe entre donneur et soignant est en déphasage selon la population. En réalité, bien que le don de sang soit social selon la majorité, il n'est pas oublié par les donneurs, ils espèrent toujours un retour lorsqu'ils donnent leur sang.

L'analyse de la motivation et pratique a révélé que la motivation des individus à donner le sang dépend des circonstances exposées, du cadre de vie, du lien familial, des moyens socioéconomiques. Quant aux pratiques, elles sont liées au lien social. Ainsi, le résultat de ce lien qui existe entre donneur et soignant favorise le recours aux tisanes lorsqu'il s'agit du manque de sang. De la même manière, plusieurs facteurs sont à la source de la faible participation au don du sang. Parmi ces facteurs, on peut citer le moyen économique, la religion, et autres existent. En définitive, il s'agit d'une représentation sociale du don de sang qui a été fortement structurée par les expériences concrètes des populations avec le corps médical. Et c'est pour cela que le recours thérapeutique devient de plus en plus utile à la population. Pour améliorer la participation au don du sang, il est important de prendre en compte le lien social qui existe entre les donneurs et les agents de santé à travers sa qualité, la fidélité et tout autre paramètre déterminant l'efficacité de ce lien. Car, pour qu'il y ait le sang en quantité et en qualité suffisante, il faut aussi les donneurs en quantité et en qualité suffisante.

REFERENCES BIBLIOGRAPHIQUES

Athané, F. (2009), *Le don : histoire du concept évolution des pratiques*, bulletin du centre d'études médiévale d'Auxerre/BUCEMA [En ligne], mis en ligne le 15 septembre 2009, disponible surhttp://cem.revues.org/11134,DOI:10.4000/Cem11134[consulté le 05 novembre 2015]. 6p.

Auguste, C. (1848*), Discours sur l'ensemble du positivisme*. Paris : Edition Gallimard. pp. 100-120.

AFRIQUE Conseil. (2006), *Monographie de la commune d'Abomey-Calavi*. 72p.

Bourdieu, P. (1975), *Structures sociales et structures de perception du monde social*. In : actes de recherche en sciences sociales, disponible sur http://www.persee.fr/doc/arss-0335-5322-num-1-2-3507.pp.3-9.

Beaudry, C. (1975), *Méthodes qualitatives en recherche sociale*. In : Rapport du matériel Didactique, disponible sur http://www.uqac.uquebec.ca/zone30/classique des sciences sociales.58p.

Emile, D. (1967), *De la division du travail social*. Paris : PUF.pp.73-123.

François, A. (2016), *Don*. EncyclopediaUniversalie[En ligne], disponible sur http://www.universalis.fr/encyclopedie/don/[consulté le14 juin 2016].10p.

Gaëlle, F. (2004), *Enquête sur les perceptions du don bénévole de sang* en RDC.pp.155-163.

Herzberg, F. (1971), *Le travail et la nature de l'homme*. Paris : EME.pp.160-180.

Jean-Jacques, R. (1762), *Du contrat social*. Paris : Union Générale d'Editions.pp.33-44.

Lévi-Strauss, C. (1968), *Introduction à l'œuvre de Marcel Mauss*. 4è éd. Paris : PUF.pp.20-35.

Lévi-Strauss, C. (1949)*, les structures élémentaires de la parenté*. Paris : Mouton.pp.143-200.

Louart, P. (1997), *Motivation :* in simon, J., joffre, P., encyclopédie de gestion. 2è ed. Paris : economica.18p.

Marcel, M. (1980), *Essai sur le don :* forme archaïque de l » échange. Paris: PUF.pp.30-186.

Maslow, A. H. (1970), *Motivation and personality.* New York: Harper and Row.pp.25-30.

McCllelland, D. (1961), *The achieving society.* New Jersey: Van Nostrand-Reinhold.pp.120-135.

Oloukoï, A. M. (2005), *Problématique du don de sang au Bénin :* mémoire de maitrise, département de sociologie-anthropologie. UAC.pp.5-20.

Olivier de sardan, J-P. (2003), *L'enquête socio-anthropologique de terrain :* synthèse méthodologique et recommandation à usage des étudiants. LASDEL : Etude et Travaux n°13.pp.5-19.

OMS, (2011), *100% de Don de Sang Volontaires.*pp.7-70.

OMS. (2009), Indicateurs de la sécurité transfusionnelle, Base de données mondiale, disponible sur :

http://www.who.int/bloodsafety/global_database/BloodSafetyIndicatorsFR.pdf.26p.

Richard, M. T. (1997), *The gift relation human blood to social policy.* 2e éd. London: SOEB.pp.17-50.

Centre National de la Transfusion Sanguine, (2013), *Plan directeur du sous-secteur de la transfusion sanguine.*pp.10-15.

Solow, R.M. (1971), *Blood and thunder. Yale Law Journal.*pp.1696-1711.

Simmel, G. (2010), *Etude sur les formes de la socialisation.* Paris : PUF.pp.20-117.

WEBOGRAPHIE :

http://www.persée.fr/web/revues/home/prescript/article/rfsoc-0035-2969-2001-num-42-2-5358[Consulté le 20 Juin 2015 à 6h].

http://www.persée.fr/doc/arss-0335-5322-num1-2-3507[Consulté le 12 Octobre 2016 à 19h].

http://cem.revues.org/11134[Consulté le 06 novembre 2015 à 15h].

http://classiques.uqac.ca/[Consulté le 12 Octobre 2016 à 19h].

http://www.uqac.uquebec.ca/zone30/classiques des sciences sociales/index. Html [consulté le 29 Septembre 2015 à 10h].

http://www.cair.info/revues-pensée-plurielle n°29[Consulté le 20 septembre 2016].

www.who.int/bloodsafety/global-database/en/[Consulté le24 Aoute 2015].

http://www.universalis.fr/encyclopedie/[consulté le 14 juin 2016].

GRILLE D'OBSERVATION

Pour effectuer le présent travail, une grille d'observation et un guide d'entretien ont été élaborés. La grille d'observation se présente comme ci-après :

Tableau III : Grille d'observation

Eléments observable	Caractéristiques des objets observés	Description
Comportements des agents de collecte, les donneurs, la population environnante et les patients ayant besoin de sang.	-l'accueil des donneurs -quantité de poche de sang prélevée pendant une journée - service octroyé aux patients qui veulent du sang -attitude des donneurs avant et après le don -etc.	

Source : Donnée de terrain, 2017

GUIDE D'ENTRETIEN

Le présent guide d'entretien s'est réparti en trois catégories qui sont : les étudiants, les agents de santé et population civile.

I-Identification de l'enquêté

1-Nom et Prénom

2- Age

3-Religion (facultatif)

4- Niveau d'instruction : Primaire Secondaire ☐ Supérieure ☐

Guide d'entretien destiné aux étudiants :

1- Qu'est-ce que don du sang selon vous ? insister sur quel point le don de sang doit être considéré ?
2- Que signifie le sang pour un être humain selon vous ?
3- Quelle relation existe-t-il entre le sang et la santé ?
4- Quelles sont les causes liées à la mortalité infantile selon vous ? identifier clairement le type de lien qui existe. Quel est l'importance que porte ce lien pour les donneurs et les receveurs ?
5- A votre avis, comment peut-on contribuer à la réduction des mortalités infantile liées au manque de sang ?
6- Selon vous, dans quel contexte il faut faire le don de sang ? Rémunéré :
7- Gratuit ☐ Autre ☐ ustifier votre réponse. ☐

Quelle relation il y a entre donneurs et l'institution chargée de la collecte du sang ? Identifier clairement le type de lien qui existe. Quel est l'importance que porte ce lien pour les donneurs et les receveurs ?

❖ Donneurs

1 Comment êtes-vous devenus donneur ?

2-Quelle est votre expérience personnelle sur le don de sang ?

3- Que représente le sang selon vous ?

4- Dans quel contexte avez-vous fait le don de sang ?

Rémunéré [ ]   Gratuit [ ] Autre [ ] Pour quoi ?

5- Quels sont les arguments qui vous ont convaincus à devenir donneur ?

6-Quelle est votre impression du premier don ?

7-Quels sont les connaissances et comportements à risque ?

8-Comment se sent après le don et quel sont les attitudes du personnel (agents de santé) avant, pendant et après le don ?

9-Que bénéficiez-vous en tant que donneurs de sang ?

THEME : Don de sang et la santé ;

- Le sang et la santé ;
- Causes et conséquences liées au manque de sang ;

-L'histoire personnelle sur le don de sang.

- Relation entre donneurs et agent de santé.

Guide d'entretien destiné aux agents de santé :

1- Comment faites-vous lorsqu'un patient a besoin du sang ? au cas où il y a manque de poche de sang à l'instant, avez-vous d'autre recours ? traditionnel [ ] moderne [ ] autre, précisez [ ]

2- Que signifie donneurs de sang selon vous ? que peut-on bénéficier en tant que donneur ?

3- Comment se déroule le processus de recrutement des donneurs de sang ?

4- Quels sont les catégories de donneur qui existe selon vous ?

5- Quelle relation existe entre donneur et agents de santé ? Comment est respectée cette relation ?

6- Quel est l'état de cette relation de nos jours ? cette relation est -il considéré comme un facteur de motivation des donneurs ?

7- Quels sont les avantages et inconvénients de cette relation ?

8- Qu'est ce qui constitue la principale source de motivation pour devenir donneur selon vous ?

THEME : -Maladies sanguines et l'homme ;
- Donneur de sang ;
- Donneur et receveur, critère de choix.

Guide d'entretien destiné aux vendeuses de tisane dans les marchés communautaires ou lieux d'échanges :

1-Qu'entend t- on par don de sang selon vous ? Est-il nécessaire de nos jours ?

2-Que peut-on faire avec du sang, à quoi cela sert ?

3-Le sang peut-il faire du mal ? Pourquoi ? Comment ?

4-Avez-vous déjà eu besoin d'une transfusion ou un membre de votre famille ?

5-Avez-vous donné du sang pour un membre de la famille, un proche ?

6-Existe-t-il un membre de la famille qui donne du sang ?

7-D'où provient le sang ? Existe-t-il des tisanes ou des pratiques capables de participer à la production du sang ? Si oui lesquelles ?

THEME : -Le sang et la santé ;

-Les constituants sanguins, méthodes traditionnelle…etc.

-Perception sur le don

Guide d'entretien destiné aux zémidjans :

1-Qu'est-ce que le don de sang selon vous ? Avez-vous entendu parler de ça une fois ? Si oui comment ?

2-Que vous inspire cette pratique ? Avez-vous eu à donner le sang déjà ? Si oui, quand et comment ça s'est passé ? Si non, comment concevez-vous le don de sang ?

3- Selon vous comment peut-on réduire la mortalité causée par le manque de sang ? Existe-t-il des méthodes ?

4-Existe-il une catégorie de personne destinée pour le don de sang ? Si oui pourquoi ?

5-Existe-il une relation entre la santé et le don de sang ? Si oui comment ?

THEME : - Le sang et la santé

- Le don de sang et le social

Table des matières